ediciones**carena**

Y la ausencia y el silencio y el olvido

José Ignacio González Lorenzo

Primera edición: febrero de 2025

© José Ignacio González Lorenzo
© Ediciones Carena

Ediciones Carena
c/ de l'Equador 45, local 6,
08029 Barcelona
T. 933 131 908
www.edicionescarena.com
info@edicionescarena.com

Diseño de la cubierta y maquetación: Sofía Cabrera

Depósito legal B 4202-2025
ISBN 979-13-87623-09-8

Impreso en España - Printed in Spain

Aqueste es el deseo que me lleva
a que desee tornar a ver un día a quien fuera
mejor nunca haber visto.

Garcilaso de la Vega

Más penado, más perdido
y menos arrepentido.

Garci Sánchez de Badajoz

EL ENCUENTRO

¿Por qué miras inocentemente
como anhelando una respuesta?
¿Acaso pueden negar tus labios
el fuego que brillando te delata?
¿No sabes que hay luna y mar y fuego,
en tu mirada?

¿Por qué me preguntas quién eres
si sólo tú sabes la respuesta?
Miras como si nada se interpusiera
cuando una distancia infinita nos separa.
Tú tienes el océano en tus ojos,
la promesa en tus labios,
la sonrisa en tu rostro,
pero, ay, no sabes que la luna
cubre con sus destellos tu belleza.

¿Por qué te asomas a la noche
como si quisieras encontrar
el tiempo en un olvido?
¿Por qué vistes tu mirada
con el brillo de una pasión
encendida?
¿Acaso no hay suficiente luna
en la promesa de tus labios?
¿No sabes que no hay mar
donde termina el camino?

Y así me miras y te vas
mientras queda tu perfume
flotando en la despedida.
Ya no habrá más fuego,
ni luz ni océano.
Ya no tendré tus ojos,
ni tu boca, ni tu rostro
y todo volverá a su principio.
Y será tu voz, sola,
cargada de luna,
en un bucle de amor,
interminable.

De pronto fuiste tú, la que nadie conoce,
la que espera oculta tras las promesas,
la que la noche sus soledades siembra.
Y, por un momento, una expresión de anhelo,
apenas una palabra callada
y tus ojos descorrieron el velo de la incertidumbre,
temerosos,
como si el viento amenazara las ventanas de tus sueños
o el horizonte se interpusiera en tu mirada.
Pero eras tú, corazón ardiente, tú de verdad,
un peregrino en busca del refugio,
un caminante sediento que divisa la fuente,
un solitario que corre tras los destellos de la arena.
Y no encontraste lugar donde reposar la mirada.

Surgiste de la oscuridad envuelta en sombra
y, al pasar, me dejaste dos rosas de suave roce.
Luego, tus palabras y tu mirada serena
volvieron a abrir la promesa:
Tú, siempre cercana, hija del deseo,
como si la noche se abriera paso hacia tus entrañas
y llegara hasta ese corazón incansable.

Y ya pude perderme por las calles,
a solas con tu recuerdo,
sin importarme otra gente, otro ruido, otras luces.
Ya sólo tuve un latido,
un solo pie,
un puro sentimiento de amor.
Y el gozo en la pupila.

No eres sólo tú sino la diosa que hay en ti,
y la alta esfera en la que habita,
quienes hicieron pasión amorosa
el sueño de tu belleza y tu verdad.
No es sólo tu voz sino la música de las estrellas
que alienta en todas las músicas del mundo,
las que resuenan en tus canciones de amor
y en todas las canciones de amor
que alguna vez han sido.
No hay otro bien que tu divino bien,
ni otro paraíso que tú y sólo tú
porque en ti están todos los cielos por su orden
y sólo en ti se cumple y alcanza la inmortal gloria.
Por ti alzaré el vuelo que sube desde mi cuerpo
hasta tus dulces labios y tu mirada clara
donde habita el sueño completo de la felicidad.

Cruzaste decidida la noche invitando a seguirte
y ya me llevaste prendido en el vuelo de tu mirada.
Luego, tus palabras y tu dulzura
como brisa alada de tu piel,
me acunaron en tu regazo.
Y vinieron más y más palabras y más gestos
y un abrazo que separa una vida de otra
y nuevas promesas
hasta no poder soportar tanta dicha.
Y me perdí en la noche buscando el límite
porque la felicidad es un mar que no tiene orillas,
un tiempo que no se mide en fracciones,
un horizonte donde no cabe la duda.

No eres tú, aunque no conozco tu cuerpo,
pero no eres, nunca podrías serlo
porque falta tu mirada, si no fuera…
por el gesto de determinación de tu boca
y el giro decidido hacia un punto exacto,
si no fuera por la plasticidad de tus hombros,
la delicadeza de tu cuello
y el ancho valle de tu pecho…
Todo indica esa concentración,
esa voluntad de determinación que hay en ti.
Si no fuera por tanta ternura,
tanta dulzura,
como si quisieras reclamar un beso
que nadie sabe ofrecerte,
un abrazo que nadie puede abarcar
porque sólo tú tienes el secreto
de un amor más allá del deseo.

Me has dado la palabra,
el poder de romper el silencio de la espesa existencia,
desasido del lastre de este cuerpo añoso,
y alcanzar la magia del vuelo,
al viento de tu bien y tu belleza.

Puedo soñar el beso de tu piel
y la caricia de tu voz
como si fuera una playa celestial
anclada en un cielo más alto de luminoso acceso:
sólo tú eres el puente privilegiado,
por quien se alcanza la verdad
y toda comprensión,
y se deja toda mudanza.

Me has dado la palabra,
las alas para elevarme a tu presencia,
oh diosa inmutable,
y el amor.

Andar a tientas el largo camino,
incierto paso de sendas perdidas,
rasgar el oscuro velo que oculta
el luminoso tesoro de un claro día.
Mostrar el largo abrazo de la promesa,
olvidar las largas horas de hastío,
nadar hacia la voluble orilla
tan lejana y tan cierta
entre espacios de duda,
rompiendo silencios de años
olvidando distancias de vidas.

Es el aire quien aviva las cosas,
las mece con su liviano abrazo,
les infunde un soplo de vida
como si nacieran de nuevo,
como si siempre fuera la mañana
en la estancia del deseo.

Las horas despiertan despacio,
felices de compartir la vida,
abriendo sensaciones,
jugando a ser otras,
moviendo de sitio las cosas,
cambiando de cuerpo,
jugando con la memoria.
Sí, es el aire que inventa recuerdos.

LA AUSENCIA

Nunca sabrás que no son versos
ni palabras,
que son venas a punto de explotar
corroídas por el veneno de tu ausencia.
Que no me queda nada por hacer en el amor,
a solas con tus recuerdos,
porque el vacío no puede vivirse
ni la ausencia habitarse en compañía.
No quiere el afecto la soledad,
ni la dulzura sólo silencio.
La edad es un viaje a ninguna parte,
una triste escalera
que no lleva a ninguna parte,
un verso que sin pasión no vive,
un amor que sin amor se muere.

Ya no tengo más que ofrecerte,
sólo palabras,
ni siquiera palabras.
Y después ya no habrá nada,
sólo silencio,
porque la ausencia es una barca sin velas,
un beso sin labios, un abrazo sin cuerpo,
un amor sin amado.

Y quedaré perdido en mi propio laberinto,
incapaz de encontrar la salida,
aunque sea al abismo.
Porque el desamor es una cárcel amarga
de la que ya no puede salirse,
una playa desierta,
un precipicio en la noche,
una tormenta de hielo que congela el corazón,
sin remedio.

Yo mismo me causé esta herida
que ahora no puedo cerrar
y tu voz la vuelve a abrir cada vez
que, por un momento, consigo olvidarme.
Siento que me invade la fiebre
como las raíces que en el suelo
se enredan y van trepando por el árbol,
y luego se aprietan hasta casi ahogarlo.
Entonces no puedo dirigir la mirada
ni caminar con paso firme
y me adentro en la hora de la desolación,
un vacío doloroso
que se precipita en el abismo,
donde sólo reina la oscuridad,
el silencio,
donde sólo habita la ausencia
de ti.

No, en realidad tú no existes,
nunca has existido,
sólo habitas en el silencio de mi soledad.
Te he cortejado por desesperación,
por hacer más llevaderas las horas del crepúsculo.
Y ahora sé que no eres verdad
y que debo afrontar el olvido.
Tengo que esconder
tus recuerdos, tus fotos, tus mensajes,
y en lo más profundo, donde no llegue el eco,
tu voz.
Sólo me quedará un consuelo:
aunque yo tampoco exista para ti,
sé que guardas mis recuerdos.

Busco tu luz en los rostros que cruzo al pasar
y quisiera adivinar tu amor en los gestos sutiles
como si pudieras repetirte en otros cuerpos,
en otras miradas,
como si el amor pudiera replicarse más allá de ti.

Miro los rincones de mi habitación despojada de esperanza
por si pudiese haber quedado olvidada alguna parte de ti.
Escudriño un alma desolada por el olvido
para encontrar una pavesa de amor encendida por tu celo.
Quisiera convertir en manantial el pesado paso de los días
reseco de tanta distancia y de tanto olvido.

Quién pudiera oír de nuevo tu voz plena de dulces acentos
que me envolvían con su abrazo infinito sólo un instante,
aunque fuera un instante solo.
Y poder encarar la distancia con alegre suficiencia,
plena de amor la mirada, olvidada del olvido,
sin tener, ay, que vagar por calles sin nombre,
buscando tu luz en los rostros que se cruzan al pasar,
adivinando tu amor en gestos incapaces de replicar tanto amor,
amada, amor tanto.

¿Qué será de mí cuando te desvanezcas en la noche,
cuando ya no quede ningún atisbo de ti?
¿Qué podrá hacer esta alma mía desolada,
anegada por una tormenta que todo arruinó?

Ya no podré soportar tanta devastación,
soy la sombra de un mástil sin barco,
unas huellas borradas por el viento.

Sólo me quedan deseos rotos,
la rutina de las horas que nada arrastran:
tiempo que nunca comienza,
constante eco de voces sin eco.

¿Acaso hay vida en el exilio de tus pasos,
acaso una morada confortable después de ti,
esperanza sin el hálito de tu voz?
Habitas la altura que nunca pude alcanzar,
la sonrisa que nunca pude ofrecer,
el amor que nunca pude compartir.
Tú eres el amado y el amor,
el veleidoso hoy y el mañana,
la promesa y la herida.
Tú eres el centro que nunca pude encontrar.

Es un soliloquio del silencio,
un instante detenido en la ausencia,
una herida abierta a las horas tranquilas,
un abismo a ras de tierra.
No hay más allá un tiempo,
es sólo el vacío frente al espejo,
el tedio de un alma sin sentido:
qué dolor la vida sin ti.

¿Es que puede haber vida lejos de ti,
de ríos de ternura, de palabras como besos?
La tarde se consume en un torbellino
de horas muertas y heridas de silencios.
Contemplo la sombra de mi tiempo,
la huella de los pasos que a ningún lugar fueron
y el eco de amores incompletos.
No se acabará nunca la noche
mientras brille el espejismo de la duda
y la vana esperanza del remedio.
Qué lejos, amor, qué lejos.

Fue como el sol tras la lluvia
en un día gris de pesadumbre.
La luz avanzaba despacio
abriendo el cristal de la certeza,
disipando las nubes del miedo,
una paz que confortaba
en medio de la desolación.
La tarde se llenó de certidumbre,
con la inocencia de una clara mañana.
Tanto desasosiego,
tantas horas febriles,
tanta herida,
todo cesó con la lluvia
y se abrió paso la claridad,
deslumbrante:
no volverá jamás.

Huyó la felicidad como sombra ligera
y tu mirada se ocultó tras la noche.
Mi corazón se heló con el céfiro
como luna envuelta en nube
dejando un rastro de tristeza:
Ay, que la soledad viene a buscarme
en medio de la tormenta.

Dejaste un mar de ausencias
como si la lluvia hubiese borrado
todas las huellas de tus pasos,
como si nunca hubieses sido verdad.
Sólo un cristal agitado por el viento,
apenas una imagen repetida
de cosas que nunca importaron,
de vidas que a ningún destino fueron.
Sólo el recuerdo de una ausencia,
una nube que muestra en su silencio
la herida profunda de amaneceres de plata.

Siempre supe que era efímero,
como el feliz instante de un despertar.
Aquella clara presencia que iluminaba
las apacibles tardes de encuentro,
tu mirar dulce y tu palabra sabia
llenaban de paz la habitación de los sueños.
Un milagro de beatitud,
un oasis de paz en medio del tiempo,
ya sólo un puro instante,
un rayo que cruzó la tarde,
un milagro que alumbró la noche
y se apagó después,
sin remedio.

EL SILENCIO

¿Por qué tanto silencio?
¿Acaso ya no sientes la caricia de las palabras?
Las horas llaman a otras horas,
desperezándose en el reloj del olvido
y sólo el cansancio separa un día de otro.
Será que no necesitas otro lar,
otro fuego;
será que el príncipe alado de tu fortuna
ha abierto para ti paraísos sin cuento.
O, tal vez, un viento sagrado te empuja
a conquistar la playa de otros mares,
o, quizás, la aurora brilla de nuevo
en tu mirada…
Pero, mientras tanto, ¿por qué tanto,
por qué tanto silencio?

Ya no te quedan palabras para mí,
no tendré más noticias tuyas
que imaginaba declaraciones de amor
y eran palabras, sólo palabras.
Ya no podré soñar con ver tu rostro
cara a cara, algún día,
aunque fuera sólo un día;
saber cuán dulce puede ser
el sonido de tus palabras,
el leve movimiento de tus labios,
el amado aliento de tu voz,
el brillo de tus ojos, el palpitar de tu pecho,
la caricia de tus dedos.
Sólo quedarán recuerdos desvaídos,
aquellos momentos que sentí gozosos,
hoy tormentos inacababbles de las horas,
que ni siquiera fueron palabras dichas,
sólo escritas, más bien deseos y ensueños
que huyen inexorables, irremediablemente,
como sombras.

¿Podré amarte en silencio
para nada,
escribiré versos vacíos de esperanza
en un bucle interminable?
¿Quién oirá mi voz, mi llanto,
mi desesperación,
acaso habrá alguien para mecer
mi soledad?
¿Para qué esperar un abrazo roto
por la distancia,
para qué un beso que no existe,
una caricia que no tiene piel,
un alma sin cuerpo?
¿Dime, podré amarte en silencio
para nada?

Dime, cómo puedes romper el silencio
de un corazón endurecido,
encontrar acomodo en una vieja casa
venida a menos,
descubrir el color en la mirada
de unos ojos ciegos a la esperanza,
poner aliento
en la voz de un solitario.

Dime, ¿es que queda algún instante
para oír el amor en un susurro,
para sentir cómo fluye el anhelo por las venas,
e ilumina la certeza como un rayo?

Dímelo tú, amor, aunque huya el tiempo
del espejo de una vida hecha humo.
Y, dime, cómo podré habitar otra vez el silencio,
transitar los espacios deshabitados para siempre,
escuchar los latidos de la incertidumbre
en medio del desasosiego.

Dímelo, amor, aunque sea tarde,
aunque sea a destiempo para todo.

Llueve mansamente en el crepúsculo
y el silencio va empapando las horas
hasta dejarlas sin pulso,
como una habitación deshabitada,
como una senda que se aleja
en un horizonte sin esperanza.
Tu recuerdo se deshace
entre mis manos vacías,
bañado en tantas lágrimas de tristeza
que quisieran anegar el pasado.
Mi corazón grita en el vacío,
herido por el cuchillo de la soledad,
y tu voz se pierde en un sueño,
atenazado por el absurdo de la duda
como si no existiese el amor,
como si estuviera lloviendo siempre.

Como palabras que nadie pronunciará,
como flores en un bello cajón cerrado,
como poemas en un viejo libro
que el tiempo borró de la memoria,
como una vida que se adormece
en medio del olvido.
No queda más entusiasmo en la mirada,
no más noches en el corazón del deseo,
sólo pasos que siempre vuelven
escuchando el cansado latir del eco,
mirando el cristal del fracaso,
acariciando la piel del silencio.

Pasan las horas como brisa
acariciando la superficie de este mar interior
y la calma va calando en la piel
abandonada ya toda esperanza.
En silencio la vida fluye,
perdido ya todo sentido,
como si no quedara nada por hacer
más allá de esta tarde.
La duda se oculta entre las sombras
señalando el sendero hacia la noche,
hacia el pesado latido de la oscuridad
cuando ya no espero tu presencia.

Por qué me abandonaste al silencio,
por qué un muro de espejos que nada reflejan,
por qué un coro de ecos sin voz.
Te alcanzaré el día que tu presencia
sólo sea la flor del pasado,
la nube de un sueño roto,
el testigo mudo de un desgarro.
Y allí quedaré agradecido
bendiciendo el sol y el horizonte
que me trajo la brisa de tu mar profundo.

Sólo queda el olvido y la distancia.
El recuerdo de tu voz se hizo eco entre las horas,
apenas quedó la forma de tu rostro
entre tantos papeles sin alma.
Y el silencio.

Lejanía de todo, de encuentros,
de recuerdos borrosos.
Y ese abrazo que nunca existió
y desgarró mis entrañas.
Y el futuro.

Ya no queda esperanza,
sólo el olvido, la distancia.
Y el silencio.

EL OLVIDO

¿Qué puedo hacer para olvidarte?
¿Dejaré de buscarte a cada momento
como un amante perdido en la noche,
como un ermitaño que escruta la mañana?
¿Seguiré escribiendo versos como filos
que cortan la esperanza?
¿Miraré el vacío que dejó tu imagen?
¿Esperaré un mensaje que nunca llega,
una llamada que no suena,
una palabra que inunde el silencio?
Acaso, dime,
¿podría hacer algo para olvidarte?

No debo hacer más preguntas,
nunca, nunca más,
hasta que cristalice el tiempo,
hasta que sea una piedra y pueda lanzarla lejos,
y el recuerdo nada más que un tic educado,
un mohín apenas de una existencia rota por dentro,
porque nada hay más allá del silencio.
Aunque siga andando a tientas el camino,
engañado con débil luz,
nunca habrá otra playa, otro mar, otro cielo,
sólo silencio.
Y tú seguirás siendo una nube
que el viento empuja, buscando otro sol,
otro amanecer, otra vida,
sólo para ti,
donde sólo quepa el olvido.

Quisiera beber de tu mano el agua del despertar
o sentir tus caricias en mi cuerpo como una costumbre mansa.

Escuchar tu voz, qué más da, al oído o a lo lejos,
vislumbrar tu cuerpo tras la celosía de la distancia.
Saber que siempre volverás aunque nunca sepa cuándo.

Pensar que no te olvidarás de mí entre un afán y otro,
que recordarás mi nombre entre miles
aunque tal vez no mi rostro.

Soñar que puedas adivinar con certeza
quién te escribió los versos de aquel libro ya olvidado.

Creer que en algún momento de tu vida,
se colará un leve recuerdo de mí,
de alguien que estuvo en tu memoria algún día,
aunque ya no lo esté.

Imaginar que pude haber pintado uno de tus retratos
cuando ni siquiera yo exista.

Apareces con mil formas que tus amigos
a tu alrededor tejieron, diosa siempre entre mancebos.
Derramas tus gracias acariciando con tu voz
las heridas que fue dejando el tiempo entre todos.
Los atas con el nudo de tus brazos amorosos
y los haces felices pues sólo tú tienes el secreto
de tanta belleza, de tanta verdad
en el estanque de tu mirada.

Y sólo yo vivo apartado,
como enfermo irrecuperable,
sentado al borde del camino equivocado,
perdido sin la huella de tu mirada;
sin el abrazo de tu cuerpo, frío.
En silencio, olvidado, como si nunca te hubiera amado,
como si no significaran nada mis palabras.

Contemplo absorto en el cristal de la distancia
el mar que añora tu presencia,
mientras las horas golpean las sienes
con el pedernal de tu recuerdo.
Dime, para qué bellos tesoros del espíritu,
para qué aquellos espacios vividos,
urdimbres tenues de un leve sueño.

Abriste la herida de tu ausencia
como señal incurable de un tiempo
que no pasará jamás.

No alcanzaré el fin de tanta noche
ni dejaré de oír los lamentos del aire
mientras no cese el dolorido latir.
Te seguiré esperando cuando ya no esté,
cuando sólo sea una luz en las estrellas.

Una palabra, bastaba una palabra,
pero no fue posible.

Otras pasiones, otros anhelos
salieron al paso como perros de guardia
y espantaron toda esperanza,
como un delgado hilo que se traba en cualquier parte
y se rompe.

Y me dejaste olvidado,
como un regalo inútil que no se espera,
una presencia extraña al fin,
una mirada incómoda de quien nadie invitó,
un objeto olvidado por un desconocido.

Pero hubiera bastado una palabra,
sólo una palabra.

LA DESPEDIDA

Cuánto dolor en la mirada que el tiempo dejó,
heridas esculpidas como surcos,
lágrimas silentes como ríos.
Cuántas palabras como martillos
que golpearon las paredes del silencio.
Y un lacerante rigor de muerte,
que oprime el corazón hasta el ahogo.
Qué vacía la vida sin ti.

Heriste el corazón de la esperanza
como agua derramada de la copa,
como sed que no tiene cura,
como una mañana cubierta por la nube.
Nada será igual después de ti.
Tú eres la certeza de la utopía,
la verdad que te mira desde el espejo,
la belleza que acaricia el tiempo.
Eres tú quien me causó esta herida:
no se cerrará jamás.

Esta
primera
edición de *Y la ausencia,
y el silencio, y el olvido*, de José
Ignacio González Lorenzo, ha
sido impresa con papel ahuesa-
do, de 80 gramos. Se ha utilizado
la tipografía Garamond Pro.
Se terminó de imprimir en
Reprográficas Malpe, en
Madrid en el mes de marzo
del año 2025.